STADT AN DER RUR

Liebe Leserinnen,
liebe Leser,

wieviel Stadt passt in ein Buch? Nun ja, Düren ist eine kleine Stadt. Wesentlich kleiner als Hamburg, Köln oder München. Doch bei aller Mühe habe ich festgestellt, dass Düren für ein Buch immer noch zu groß ist.

Ja, Düren ist eine große Stadt. Zumindest eine großartige Stadt. Eine Stadt mit einer großartigen Vergangenheit, eine Stadt mit großartigen Menschen, eine Stadt mit großartigen Ecken, Winkeln und photografischen Perspektiven.

Davon gibt es so viele, dass sie nicht alle in eine Kamera, geschweige denn in ein Buch passen. Möglicherweise habe ich auch nicht genug hingeschaut und deshalb auch etwas übersehen.

Nun ja, ich bin ja kein „echter“ Dürener“ und richte erst seit über 50 Jahren das Objektiv auf Objekte meiner Begierde. Da bekommt man mit der Zeit einiges zu sehen. Kein „echter“ Dürener? Ich habe in Lendersdorf das Licht der Welt erblickt. 1972 wurde ich zwangsweise zum Dürener erklärt. Per Gesetz. Zuvor war ich „nur” Lendersdorfer.
Neujahr 1972 war der Stichtag, an dem die heutige Stadt Düren „geboren“ wurde.

Als junger Journalist erlebte ich die Zwangsvermählung der bis dato selbstständigen Orte und Gemeinden mit der Stadt durch das Aachengesetz hautnah mit. Das tat vielen weh. Ist jedoch längst vergessen und Geschichte. Zwar nicht für alle, die immer noch ihrem alten Namen, ihrer alten Bedeutung nachtrauern. Lassen wir es jetzt, wie es ist...

Damals entstand also die Stadt, deren optischer Auftritt in diesem Buch festgehalten ist. Viele der Stadtteile haben ihren einstigen dörflichen Charakter erhalten, andere haben sich „verstädtert”.
Wenn man viele Jahrzehnte in einer Stadt wie Düren mit der Kamera unterwegs ist, dann schreit irgendetwas irgendwann in der Photografenseele danach, die vielen Bilder aneinanderzureihen, die meist in einer 1/60 Sekunde entstanden sind. Doch da komme ich wieder an die Grenzen eines Buches.

Ich hoffe, die Auswahl passt, und der Text ist nicht zu minimalistisch. Eine Stadt muss man mit offenen Augen durchwandern und erleben.

Bleibt die Hoffnung, dass das Buch Lust auf Düren macht und einige von den Dürenern, die glauben (warum leben die eigentlich noch hier?), Düren gebe nichts her, aufwachen und sich endlich von Düren verführen lassen.

Es gibt noch ein paar mehr Winkel als die, die hier gezeigt werden, die entdeckt werden wollen.

Viel Spaß beim Düren Spüren

Die Beschreibungen zu den Bildern beziehen sich, falls nichts anderes angegeben ist, immer vom 1. Bild links oben im Uhrzeigersinn rundum.

DÜREN

IN BILD UND WORT

STADT AN DER RUR

Einst und Heute

DAS WAPPEN DES ZWIESPALTS

Ausdruck eines Zwiespalts der Stadt Düren zwischen kaiserlicher Reichspolitik und herzoglicher Territorialherrschaft ist bis heute das Stadtwappen. Erstmals wurde es 1371 in einem Schöffensiegel nachgewiesen. Das Wappen zeigt in einem gespaltenen Schild den Reichsadler und den Jülicher Löwen auf goldenem Grund, als Sinnbild der Doppelstellung einer Stadt, die jahrhundertelang vergeblich darauf wartete, von ihrem Kaiser eingelöst zu werden.

1242 hatte Kaiser Friedrich II. „unsere Stadt" für zehntausend Mark Silber an den Grafen Wilhelm IV. von Jülich verpfändet. Dieser verwandte seine ganze politische Kunst darauf, diesen Machtzuwachs mit allen nur erdenklichen Kniffen zu wahren.

KAPITEL

1

Die Kamera blickt Richtung Polarstern. Weil sich die Erde dreht, schaut das spektakulär aus. Eine Bank am Wanderweg bei Berzbuir ist dabei der ideale Ort, um auf und über Düren zu schauen. Bis zur Sophienhöhe, nach Köln und nach Bonn.

EIN ERSTER BLICK AUF DÜREN

Fisch-Feinkost-Albert

DER MARKT
DAS HERZ VON DÜREN

Dreimal wöchentlich pulst das Leben in der Dürener Innenstadt besonders. Der Wochenmarkt, dienstags, donnerstags und samstags, ist der Magnet für all jene, die sich mit frischem Obst und Gemüse, Fisch, Fleisch und Blumen aus aller Welt eindecken.

Ein Treffpunkt auch für all die Menschen, die Freunde treffen und bei einem Kaffee oder einer „Latte“ in einem der zahlreichen Cafés einfach nur klönen.

Spuren in der Nacht. Die Langzeitbelichtung entlockt dem Adenauerpark an der Kölnstraße eine neue Dimension. Radfahrer und die Nutzer von Smartphones schreiben Spuren in die Dunkelheit. Einst ein Friedhof, heute ein Ort der Ruhe und Erholung.

DIE ANNAKIRCHE

Dominant überragt der Turm der Annakirche die Stadt. Errichtet aus den Steinen der beim Angriff am 16. November 1944 zerstörten alten Annakirche, ist das von Professor Rudolf Schwarz geplante und in den 50er Jahren errichtete Bauwerk das Zentrum des kirchlichen Lebens Dürens.

KURZE WEGE
GUTE GESCHÄFTE

Düren ist das Mittelzentrum zwischen den Großstädten Köln und Aachen. Beliebt ist die Stadt, weil man hier auf kurzen Wegen seinen alltäglichen Bedarf deckt und in Fachgeschäften fündig wird.
Wirtelstraße, Kölnstraße, Zehnthofstraße, Oberstraße oder der Markt laden zum Flanieren und Verweilen ein.

EINE „LATTE", BITTE

Aufenthaltsmöglichkeiten in der City wurden in den letzten Jahren attraktiver. Spezialitäten vieler Länder laden ein zum Essen und Trinken, das Zentrum bietet viele Angebote zum Shoppen und Verweilen.

Die Bahnlinie Köln - Aachen trennt die Stadt. Im Norden findet man viele Quartiere aus der Gründerzeit. Damals, 1874, wurde auch der Bahnhof errichtet. Im Hintergrund erhellt die sinkende Sonne die Halden der Steinkohlezechen und deren Nachfolger, die Windräder.

VERBINDUNGEN IN ALLE WELT

Düren liegt verkehrsgünstig: Bahn, Bundesstraßen und Autobahn lassen in alle Himmelsrichtungen keine Ziele unerreicht. Ein Schwerpunkt: Die Ost-West-Achse, die von interternationaler Bedeutung ist. Lokal sind es Rurtalbus und Rurtalbahn, die die umliegenden Städte und Gemeinden vernetzen.

Im Herzen der Stadt ist die Sparkasse Düren beheimatet. Das Kreditinstitut mit einer Bilanzsumme von über fünf Milliarden Euro ist in alle benachbarten Gemeinden und Städte vernetzt und erster Partner bei Geldfragen für Privatpersonen, Handel, Handwerk und Industrie.

Sparkasse

MARKANT

Eines der ältesten Gebäude der Stadt ist der „Jesuitenhof" von 1719. Das Amtsgericht stammt aus der Zeit vor dem Zweiten Weltkrieg. Die alte Stadtgärtnerei lädt zum Entspannen und zum Heiraten ein. Der Friedhof wird auch als Rückzugsraum genutzt. Es macht Spass, mit dem Rad die Stadt zu umrunden. Die „Düren-Leuchte" ist eine städtische Eigenentwicklung, und in der Stadtmitte wacht der „Eiserne Kanzler" Bismarck, in Bronze, über das gleichnamige Quartier.

Das Leopold-Hoesch-Museum wurde der Stadt Düren 1905 vom Namensgeber geschenkt. Der Museumsverein und die Industrie haben die Sammlungen ständig erweitert. Heute zählen namhafte Künstler des deutschen Expressionismus zu den Urhebern der Exponate.

STADT DER 50ER JAHRE

Düren ist die Stadt der 50er Jahre. 2008 wurde sich Düren dieses Alleinstellungsmerkmals für eine kurze Zeit bewußt. Rock'n'Roll oder Oldtimer erinnerten zwischen den typischen Häuserzeilen an diese Zeit. Eine Ausstellung mit etlichen Alltagsgegenständen führte zur Gründung des heutigen Stadtmuseums. Dort wird die Geschichte der Stadt auf ehrenamtlicher Basis und mit großem Engagement gepflegt.

Nähert man sich von Westen kommend Düren bei Derichsweiler, dominieren die drei Kirchtürme St. Johannes Evangelist in Gürzenich, St. Bonifatius in Düren-Ost und St. Anna (v. l.), die Windräder bei Merzenich und das Y-Haus an der Euskirchener Straße die Skyline der Stadt.

VON KIRCHE BIS KULTUR

Die Marienkirche im Frühjahr, flankiert von Narzissen. Gleich am Stadtrand dominiert die Landwirtschaft.

In den letzten Jahren boomte der Wohnungsbau. An der Heinrich-Dauer-Straße entstanden etliche neue Wohneinheiten.

Kultureller HotSpot mit Theater und Musik ist das „Haus der Stadt“ gleich hinter der Bahntrasse am Übergang zu Norddüren.

Ganz im Norden bestimmt das Gewerbegebiet „Im Großen Tal“ das Bild.

Im 70 000 Quadratmeter großen, zentral in der Stadt gelegenen „Holzbendenpark“ lässt man die „Seele baumeln“.

Wo einst die belgischen Streitkräfte residierten und dann bis in die 80er Jahre deutsche Panzer rollten, hat sich ein europaweiter Dreh- und Angelpunkt für Mietwagen entwickelt. Tausende Autos werden in Düren überholt und für ein zweites Fahrzeugleben aufbereitet.

ALTE ZEITEN

Schön soll es gewesen sein. Das alte Düren hat auch mehr als 70 Jahre nach seiner Zerstörung viele Fans. Fotografien halten die Erinnerungen wach und vermitteln jungen Generationen das einstige Flair der Stadt mit dem alten Rathaus im Mittelpunkt.

2

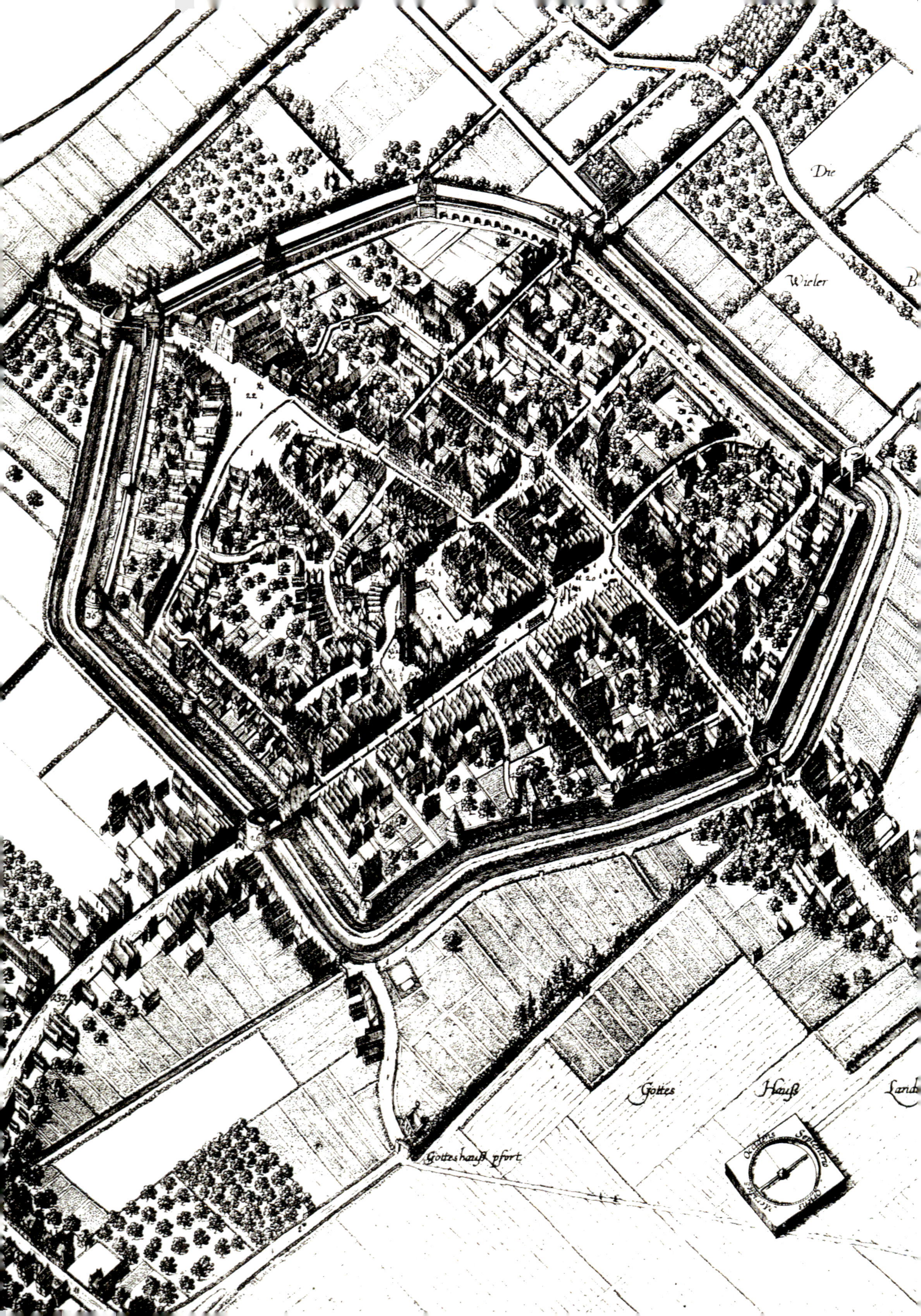
Die
Wieler
Gottes Hauß Land
Gotteshauß pfort
Occidens
Septentrio
Oriens
Meridies

DER PLAN DES WENZEL HOLLAR

1634 schuf der böhmische Zeichner und Kupferstecher Wenzel Hollar, geboren am 13. Juli 1607 in Prag, am 25. März 1677 in London verstorben, einen Stadtplan von Düren aus der Vogelperspektive.
Das Werk des Graphikers besticht auch heute noch beim Betrachten mit seiner aussergewöhnlichen Liebe zu einzelnen Details.

Der Dürener Modellbauer Joseph Winthagen nutzte die Vorlage von Wenzel Hollar, um in mühevoller Kleinarbeit ein Modell der Stadt zu schaffen, das diese im 17. Jahrhundert zeigt.

Dieses Modell steht heute im Stadtmuseum und bringt den Besuchern beim Betrachten die einstig stolze Stadt näher. Der Wenzel-Hollar-Plan ist die älteste erhaltene Darstellung der Stadt Düren. Der Blick geht von Süd-West über die mit der mächtigen Stadtmauer umgebene Stadt und lässt die fünf Stadttore erkennen, durch die man Düren einst betreten hat.
Einige Rudimente der Anfang des 13. Jahrhunderts errichteten Stadtmauer entdeckt man heute noch beim Stadtrundgang.

TACITUS BERICHTET

Wenn Düren auch 2022 seine erste urkundliche Erwähnung vor 1275 Jahren feierte, steht fest, dass Düren wesentlich älter ist. Schon für das Jahr 69 ist ein Vicus, ein Ort namens „Marcodurum", dokumentiert.

Kein Geringerer als Tacitus hat über den Kampf der rechtsrheinischen Germanen gegen die Ubier berichtet: „Ihre Kohorten wurden im Vicus Marcodurum niedergemacht, bei dem sie recht sorglos verweilten, weil sie sich weit vom Ufer aufhielten." Die Ufer verweisen womöglich

auf den Rhein, damals eine Grenze im nördlichen römischen Reich.
Belegt wird Tacitus 1980, als zwischen den heutigen Stadtteilen Mariaweiler und Hoven Münz- und Fibelfunde aus dem 1. bis 3. Jahrhundert gemacht wurden. Das Institut für Altertumskunde der Universität Köln schließt daraus, dass diese Funde auf das von Tacitus erwähnte Marcodurum zurückgehen. „Durum" verweist auf keltischen Ursprung und bedeutet „Tür" oder „Tor". Da weitere Funde bei Arnoldsweiler, wie das über

7100 Jahre alte Skelett „Lilith", eine frühe Besiedlung der Region bekunden, ist davon auszugehen, dass später dem „Durum" ein Dehnungs „i" zu „Durium" hinzugefügt wurde, das mit der Zeit zur heutigen Schreibweise „Düren" geführt hat. Unter Fachleuten ist diese Deutung allerdings strittig.

Klarheit gibt es im 8. Jahrhundert, als Düren aus einem fränkischen Forsthof entstanden ist. Der Vater Kaiser Karls des Großen, der karolinische König Pippin der Kleine, erwählte, wie für das Jahr 747 den fränkischen Reichsannalen und später ebenfalls den Metzer Annalen entnommen wird, die „Villa Duria" als Ort einer Reichsversammlung und einer Synode. Der genaue Ort soll der heutige Standort der Annakirche gewesen sein, wo schon ab der Zeit um 700 eine fränkische Saalkirche errichtet worden war. Pippin entwickelte den Ort zu einer Pfalz. In den folgenden Jahren nahm deren Bedeutung zu und wiederholt fanden hier Reichstage statt. Es war die Zeit, als Könige in Düren Station machten, lag die Pfalz doch auf der Krönungsstraße, welche die deutschen Könige 600 Jahre lang nutzten, um zu ihrer Krönung nach Aachen zu reisen.
Auf dieser Landstraße, die von Aachen bis nach Frankfurt führte, entwickelte sich reger Verkehr. Als Folge etablierten sich in Düren einige Märkte: Korn-, Vieh-, Holz-, Hühner- und Buttermarkt trugen zum Wachstum der Stadt bei und sind auch Ursprung der Annakirmes.

Fotos von links: Stadttheater, „Giebelhaus" - fälschlicherweise oft als Gewandhaus bezeichnet - am Bongard, Postamt und unten Villa Eugen Hoesch.

Einst schützte sie die Dürener vor den bösen Buben: Die Stadtmauer. Ein prächtiges Relikt und gleichtzeitig das größte zusammenhängende Mauerstück ist heute auf dem Schulhof des Stiftischen Gymnasiums zu sehen. Hinter der Mauer ist der Wallgraben zu finden.

DIE MAUER

Anfang des 13. Jahrhunderts sahen sich die Dürener gezwungen, ihre Stadt stärker zu befestigen. Ab etwa 1212 wurde mit dem Bau der Stadtmauer begonnen. Zu dem gewaltigen Bauwerk gehörten zwölf Türme und fünf Tore: Das Philippstor und das Wirteltor im Norden, im Osten das Kölntor, im Süden das Obertor und im Westen das Holztor.

Der Stadtmauer vorgelagert waren Gräben und ein Wall, die eine Einnahme der Stadt erschweren sollten.

Die aus Buntsandsteinquadern errichtete Mauer war in ihrem Verlauf zwischen den Stadttoren durch Schwibbögen verstärkt. Diese Bögen wurden erst im 14. Jahrhundert angesetzt, um der Mauer bei Beschießung einen größeren Halt zu geben. Ab 1493 wurde die Mauer zudem mit vorstehenden runden Bastionstürmen aus Backsteinen verstärkt, die eine bessere Verteidigung der zwischenliegenden Mauerabschnitte erlaubten. Einige dieser Türme sind heute noch zum Teil erhalten: Der Spießenturm oder „Graue Mütze" mit Resten der Stadtmauer, der Pletzergassenturm, der „Dicke Turm", der „Grönjansturm" sowie das Rondell an der Schützenstraße.

INDUSTRIE UND MILLIONÄRE

Schon im 16. Jahrhundert erreicht die Kunst des Papiermachens über Italien die Stadt und ließ bald enormen Wohlstand erblühen. Etliche Papiermühlen gaben Arbeit und Brot und bildeten die Basis für den Boom der Stadt.

Mit dem Beginn der Industrialisierung nutzten die Dürener verstärkt das Potential der Rur mit ihrem weichen, sauberen Wasser. Ab dem 19. Jahrhundert entwickelte sich Düren zu einer prächtigen und reichen Stadt.

Erhebliches Mäzenatentum, von dem Düren auch heute noch zehrt, sorgte dafür, dafür, dass vielfach Alten und Kranken Hilfe zuteil wurde, Not in Vergessenheit geriet.

Dies bildete zusätzlich das Rückgrad für einen kulturellen Höhenflug mit einem eigenen Theater und der Errichtung des Leopold-Hoesch-Museums zu Beginn des 20. Jahrhunderts. Dies war die Zeit, als man Düren die „Stadt der Millionäre" nannte.

DIE 50ER

Der alte Glanz ist zu Schutt und Staub zerfallen. Düren ist ein Beispiel dafür, wie Menschen unter Despoten leiden.
Doch die Dürener haben in den 50er Jahren in die Hände gespuckt.

Der Brunnen in der Wirtelstraße erinnert an die Originale des alten Dürens und überträgt damit ein wenig Vorkriegstimmung in die harten Aufbaujahre. Viele Gebäude, Winkel und Ecken lassen heute den Fleiß dieser Jahre nicht vergessen. Sie zeugen mit der geradlinigen Architektur und etlichen Graphiken von dem Willen, die Stadt wieder zu errichten.
Das Rathaus ist das markanteste Symbol des Dürener Wiederaufbaus, errichtetw von 1956 bis 1959.

Früher stand hier der neue Wasserturm und versorgte die Dürener mit Trinkwasser. Heute ist die Funktion des Friedrich-Ebert-Platzes das Verteilen des Verkehrs. Die Hauptrichtungen sind Köln, Euskirchen und Jülich. Der vierte Abzweig, im Bild rechts, führt direkt in die Innenstadt.

DIE INNENSTADT

BEWEGUNG, GEDENKEN UND RUHE

Eng beieinander liegen in Düren belebte Verkehrswege und die Zonen, die zum Gedenken oder auch Nachdenken einladen. Der Flammenengel vor dem Rathaus erinnert eindringlich daran, dass militärische Auseinandersetzungen keine Lösung sind.

Das Papiermuseum entführt in das Gestern und Heute des Stoffes, der Düren weltbekannt machte. Vis-à-vis wölbt sich der „Rucksack" des Leopold-Hoesch-Museums über den Fußweg, und der Verkehr auf der B56 rauscht rund um die Uhr.

Einblicke in die Stadt: Der verkehrsreiche Wirteltorplatz durchschneidet die Fußgängerzone. Die Oststraße führt von Osten in die City.
Das innenstadtnahe Seniorenheim „Am Holzbendenpark", die sich sich bergab windende Cranachstraße und die Arnoldsweiler Straße mit Blick in die Innenstadt.

Die Ecke Weierstraße / Victor-Gollancz-Straße, darüber das ruhige Wohnquartier Sturmsberg.

Während sich bei Sonnenschein der Turm der Annakirche in den Fenstern des Papst-Johannes-Hauses spiegelt, lockt „Düren leuchtet" Anfang November immer tausende Menschen in die Stadt, um das Lichtspektakel zu erleben.

Die, die von Westen kommen, passieren dabei das Denkmal des Johannes Nepomuk auf der Brücke über die Rur auf der Aachener Straße.

EINBLICKE

FREUNDSCHAFT & ERINNERUNG

Auf dem Gelände der alten Stadtgärtnerei hat die Stadt Jinhua, Partnerstadt Dürens in China, aufwändig eine kleine Pagode errichtet. Von dort aus lässt sich der umgebende Garten besonders schön genießen.

„Stolpersteine“ sind an vielen Stellen im Bürgersteig der Stadt Düren zu finden. Die Steine dienen dem Gedenken an den Holocaust und die Opfer der nationalsozialistischen Gewaltherrschaft.

MOBILITÄT

Ein Autohaus am südöstlichen Rand der Innenstadt symbolisiert die Automeile, den Bereich, der der individuellen Mobilität gewidmet ist.
Ab dem Bahnhof Düren (unten) sind rasche und viele Verbindungen per S-Bahn nach Köln möglich.
Maria, Mutter von Jesu, steht über dem Markt...

MUTTER & TOCHTER

...ihrer Mutter Anna – davon später mehr – gedenkt man am Altenteich.

Der Hoeschplatz wird von der Marienkirche, der Peschschule und dem Leopold-Hoesch-Museum eingefasst.

In der Koenenstraße (r.) lässt es sich gut citynah leben, während im Willy-Brandt-Park (l.) die Verteidigung einer Sabinerin ein Dauerthema ist.

Losgelöst vom Kirchenschiff ragt der Turm der Christuskirche an der Schenkelstraße in den Himmel.
St. Anna versteckt sich im Frühjahr hinter blühenden Zweigen; dann ist das Umfeld am Miesheimer Weg mit seinen Hochhäusern noch kahl.

„Düren leuchtet" szenisch am Kaiserplatz in tollen Farben.

Die nackte Frau im Hoesch-Park stammt aus besseren Zeiten der Stadt und stand einst in einem privaten herrschaftlichen Garten. Mit der wärmer werdenden Jahreszeit bergrüßt mit tausenden Narzissen der Friedrich-Ebert-Platz die Kraftfahrer. Die Dürener Kulturmeile mit dem Leopold-Hoesch-Museum, dem Papiermuseum, einem Stück Stadtmauer und der Pleussmühle.

BLÜTEN & KULTUR

An der Nippesstraße steht Dürens neuer Stolz: Das Rurbad. Für Schwimmer und Wasserratten ist hier für alles gesorgt: 50-Meter-Becken, Planschbecken für Kleinkinder, Saunen und eine Gastronomie. Gleich daneben der Zugang zum Holzbendenpark.

ZBENDEN

KREISE & KUNST

Vom belgischen Künstler Sven 't Jolle stammt stammt eine Arbeit, die seit 2011 auf dem Hoeschplatz steht: „Lunchtime against the increase of the level of exploitation".

Immer nur für kurze Zeit im Jahr schafft die Natur besondere Akzente. So an der Philippstraße und im Konrad-Adenauer-Park, wo das Rondell mit seinen Ruhebänken dann von Kirschblüten in weiß umrahmt wird.

Der Evangelische Friedhof an der Kölnstraße gehört zu den fünf schönsten Friedhöfen in Deutschland. In den letzten Jahren aufwändig restauriert, zeugen hier prächtige Denkmale von mächtigen und reichen Familien.
Die Ruraue an der Dr. Overhues-Allee ist ein wichtiges Stück der grünen Lunge der Stadt.
Moderne Architektur wechselt sich mit den Gebäuden aus der Vorkriegszeit ab.

Ein Findling erinnert an der Arnoldsweilerstraße an den Standort des einstigen Jüdischen Friedhofes.

DENKMALE & FACHWERK

Von den meisten unbemerkt steht das „Wirteltränkenkreuz“ von 1709 fast mittig auf dem belebten Wirteltorplatz.
Bismarck (l.) schaut mit ernstem Blick zur Kreisverwaltung. Im Schatten des Pletzerturms fristet der nackte Knabe sein Dasein.
Größere Wohnanlagen findet man am Adenauerpark (o.), an der Eiswiese (r. und m.), an der Marie-Juchacz-Straße (r. m.).
Das Bismarck-Quartier (u.l.) beherbergt das Dorint-Hotel, Büros und Wohnungen.
Die Heinrich-Heine-Straße (u.r.) ist ein edles Wohnviertel.

QUARTIERE

Es ist ein fantastischer Raum: Die Taufkapelle in der alten Arnoldsweiler Pfarrkirche. Die Fresken des Kölner Künstlers Peter Hecker in direkter Nachbarschaft zum Sarkophag, in dem die Gebeine des Heiligen Arnoldus ruhen.

ARNOLDSWEILER

DER SCHIEFE TURM VON DÜREN

Das Ortsbild von Arnoldsweiler wird von dem vieltürmigen, in mächtig-romanischen Formen strotzenden Kirchenkomplex beherrscht. Egal, aus welcher Richtung man sich dem Stadtteil nähert, die besondere Eigenheit fällt ins Auge: Im weiten Umland befindet sich einzig hier der Kirchturm auf der östlichen Seite des Gotteshauses, das um die Wende des 19. zum 20. Jahrhundert errichtet wurde.

Und auch die benachbarte alte Kirche hat eine Besonderheit: Der Turm steht 45 Zentimeter aus dem Lot.

Das Frauenskelett „Lilith“ wurde beim Bau der A4 in Nachbarschaft zu Arnoldsweiler gefunden und belegt damit, dass hier schon vor 7100 Jahren gesiedelt wurde.

In jüngster Zeit war es eine Brennerei, die den Namen Arnoldsweiler „schmackhaft“ machte. Der alte Schornstein kündet noch von dieser Blüte. Der alte Ort machte erstmals in den Jahren um 800 Schlagzeilen. Es war die Zeit Karls des Großen und des großen Auftritts von Arnold, dem der Stadtteil seinen Namen verdankt.

ERKOREN

SCHLITZOHR

Arnold war ein pfiffiges Kerlchen an Karls Hof. Als der Kaiser im Raum Düren zur Jagd weilte und mittags rastete, machte der Hofmusikant einen Vorschlag. Er wollte vom großen Karl soviel Land haben, wie er während der Mittagspause umreiten konnte. Karl schlug ein und nach dem Nachtisch war der Kaiser um etliche Hektar ärmer. Den später „Bürgewald“ genannten Wald schenkte Arnold den darbenden Menschen, die nun ihr Feuerholz für die Zukunft gesichert hatten.

Der Preis der Schenkung war eine jährliche Kerzenspende, die auch heute noch von den Anrainern des Bürgewaldes an die letzte Ruhestätte des später heilig gesprochenen “Schlitzohrs” gebracht wird.

Arnold hatte Karl überlistet. Er hatte den Ritt sorgfältig vorbereitet und an vielen Stellen frische Pferde positioniert...

Die Pfarre gedenkt Arnold jährlich mit einer Oktav Anfang Juli.

BERZBUIR

Vom Hochbehälter Berzbuir aus blickt man weit auf und über die Stadt Düren. Das kleine technische Bauwerk mit Jugendstilelementen diente einst als Pumpstation für das Trinkwasser, das von hier aus schon 1910 in die Häuser floss.

5

DIE DEN ÜBERBLICK HABEN

Die Berzbuirer Bürger haben den Überblick in Düren. Bis in die Kölner Bucht und zum Siebengebirge reicht die Sicht vom „Knipp", 215 Meter über dem Meeresspiegel, wo ein kleiner Hochbehälter an die Anfänge der zentralen Wasserversorgung aus dem Jahr 1910 erinnert. Bereits 1403 wird Berzbuir, das bis

heute landwirtschaftlich geprägt ist, in Zusammenhang mit dem Bauschhof erwähnt.

Zu den markantesten Skulpturen ihrer Art zählt die seltene Anna-Selbdritt-Darstellung, eine rheinische Arbeit von 1470 im „Kapellche", erbaut 1649.

BIRGEL

St. Martin ist die Pfarrkirche in Birgel geweiht. Das mächtige weiße Bauwerk markiert den ersten Anstieg in die nahe Eifel, an dessen Fuß die Kirche errichtet wurde. Jeweils im Frühjahr schafft der Sonnenuntergang spektakuläre Szenen.

6

VOM BAUERNDORF ZUR WOHNGEMEINDE

Einst residierten Ritter in Birgel. Später waren es dann Bauern, die das Geschehen des im Lee des Eifelausläufers gelegenen Orts bestimmten.

Heute hat sich Birgel zu einem attraktiven Wohnort mit reizvollen Quartieren entwickelt.

In Birgel geht die Eifel in die Niederung der Ackerbucht über. Und wo einst die Ritter feierten, schallt heute Kinderlachen.

Die restaurierte Burg mit dem sie umgebenden beschaulichen Wassergraben ist die Grundschule des Stadtteils.

Vis à vis steht die Hubertus Kapelle am Fuß des steilen Berges, an den sich die alten Wohnhäuser anschmiegen, bevor die Bergstraße auf den Birgeler Bach stößt, der Richtung Mozenborn fließt.

Die Birgeler Allee ist der erste Anstieg in die nahe Eifel.

7

Im Frühjahr 1945 ist dieses Foto vom zerbombten Düren aus einem Flugzeug der Alliierten gemacht worden. Man erkennt schon die von den Amerikanern wieder frei geräumten Straßen. Nur 13 Häuser blieben im historischen Stadtzentrum unbeschädigt...

ANGRIFFE

KEIN STEIN AUF DEM ANDEREN...

Da nutzten keine dicken Mauern und keine wehrhaften Türme.

Der Geldrische Erbfolgekrieg markiert 1543 nicht das erste Armageddon der Stadt Düren. Bereits 881 und 882 fielen angeblich die Normannen über die Stadt her und zerstörten sie.

Rund 650 Jahre später umgab die mächtige Stadtmauer Düren. Die als uneinnehmbar geltende Stadt, deren Verteidigungsanlagen zuvor verstärkt worden waren, wurde von Karl V. erobert und verwüstet.
Bei den Kämpfen belagerten über 60 000 kaiserliche Soldaten die Stadt, in der sich nur 3 000 Bewohner und Truppen der Vereinigten Herzogtümer befanden.

Bei den Kämpfen, die zwei Tage andauerten, starben 16 000 Menschen, darunter 2 500 Verteidiger. Nach Ende der Schlacht lag die Stadt in Schutt und Asche. Durch die Beschießung war ein Großbrand entstanden, der die Häuser der Stadt, die meisten gebaut aus Holz, zu Asche verwandelte.

Es sollte noch schlimmer kommen. Der 16. November 1944 verschaffte Düren einen traurigen Rekord: Düren ist die Stadt mit dem höchsten Zerstörungsgrad im Zweiten Weltkrieg.

Der mörderische Bombenangriff auf die Stadt dauerte rund 30 Minuten.
Die Stadt, die einmal zu den schönsten im Rheinland zählte, die Stadt, deren Stolz die prachtvollen Villen der erfolgreichen Industriellen, der alles überragende 100 Meter hohe Turm der Annakirche gewesen war, die Straßen mit den Patrizierhäusern und vielen schmuckvollen Giebeln, all diese Zeugen der stolzen Dürener Vergangenheit wurden in wenigen Minuten zu Staub und Schutt.

13 Gebäude von fast 7 000 waren ohne Schaden geblieben.

Nur eine Handvoll Menschen war es, die aus den Trümmerhöhlen krochen, als die Alliierten am 25. Februar 1945 auf dem Ostufer der Rur nach dreimonatigem Beschuss und dem verheerenden Großangriff Fuß fassten, um Düren endgültig in Besitz zu nehmen.

Düren, Rhld. - Die Belagerung der Festung Düren 1543 durch Kaiser Karl V.

Links: Im Vordergrund die Ecke Tivolistraße / Schillerstraße. Links im Bild das Amtsgericht. 2. Bild: Ecke Stürtzstraße / Oberstraße. 3. Bild: Im Vordergrund die Oberstraße im Hintergrund die Wirtelstraße mit Wirteltorplatz. Rechts: Finanzamt mit der Goethestraße. Am oberen Bildrand der ehemalige Kaiserhof.

8

Das „Ühledömche“ stammt aus dem 12. Jahrhundert und ist der älteste erhaltene Kirchenbau. Schleiereulen nisten gerne in dem Turm, was für die Namengebung sorgte. Mit dem Bau der B56n entstand einen Steinwurf entfernt eine der verkehrsreichsten Kreuzungen der Stadt.

DÜREN-OST

Man muss schon in die Luft gehen, um die architektonischen Eigenheiten im Osten der Stadt zu erkennen.

Ende des letzten Jahrtausends wurde nach Entwürfen des niederländischen Architekten Hermann Hertzberger zwischen Euskirchener Straße und Wewordenstraße eine Wohnanlage geschaffen, deren markantes architektonisches Highlight das alles überspannende gemeinsame Dach ist.
Durch das Gelände verläuft die Rotterdamer Straße.

Nicht minder spektakulär gibt sich die Kleingartenanlage an der Berliner Straße, wo die Lauben im Kreis angeordnet sind.

Die einstige Pfarrkirche St. Bonifatius ist entwidmet und beherbergt heute einen Kindergarten.

Am Zeichentisch entworfen entstand auf dem Gelände einer ehemaligen Ziegelei Anfang der 60er Jahre das Satellitenviertel, in Düren kurz „Sattes" genannt, inklusive Kneipe, Friseur und Lebenmittelladen. Ein heute wieder aktueller Luxus ist die Versorgung mit Fernwärme.

Im Norden schmiegt sich mit Birkesdorf der bevölkerungsreichste Stadtteil an die Rur. Trotz Prägung durch Industriebetriebe und übergehend in das Gewerbegebiet „Im Großen Tal", bietet Birkesdorf mit dem Josef-Vosen-Park einen hohen Freizeitwert.

BIRKESDORF

DAS KRANKENHAUS GESTIFTET

Die Skyline von Birkesdorf wird von Fabrikschornsteinen, Hochhäusern und dem Turm von St. Petrus bestimmt.
Über Birkesdorf verbindet sich das Stadtgebiet mit der Autobahn. Darüber hinaus führt der Weg in den Nordkreis Düren und die fruchtbare Ackerbauzone.

Die Industrialisierung des Ortes, der die Zahl der Einwohner Birkesdorfs rasch steigen ließ, ist eng mit der der Familie Schüll verknüpft.
Die Schülls waren es auch, die der Gemeinde das Marien-Krankenhaus der Franziskanerinnen stiftete.

Als nach der vorletzten Jahrhundertwende die Dürener Eisenbahn AG ihr Schienennetz nach Birkesdorf und darüber hinaus erweiterte, entwickelte sich der heutige Stadtteil zum industriellen Hotspot an der Rur.

Die ideale Verbindung von weichem Rurwasser, das man zur Produktion benötigte, und einer Schienenverbindung in alle Welt.

Erstmals Erwähnung findet Birkesdorf 1288 als landesherrliche Zollstelle. Bei Birkesdorf befand sich ein Übergang über die Rur.
Aushängeschild im 21. Jahrhundert ist für Birkesdorf das Marienhospital mit seinen vielen Spezialabteilungen, angefangen

DER ZOLL
AN DER RUR

bei der Kinderklinik bis hin zur Geriatrie.
Erwähnt werden muss an dieser Stelle das rege Vereinsleben. Die St. Petrus-Schützen, die Karnevalisten oder die Sportvereine bilden das Rückgrat des dörflichen Zusammenlebens.

10

Wo die Eifel auf die Echtzer Lößplatte stößt, liegt im Westen der Stadt Düren die einstige Wald-, Mühlen- und Bauernsiedlung Derichsweiler. Die meisten Bauernhöfe von einst dienen heute ausschließlich Wohnzwecken.

DERICHSWEILER

ÄLTESTES ZEUGNIS

Im südlichen Mauerwerk der alten Kirche Derichsweiler wurde ein Grabstein entdeckt, der auf die Zeit 500 bis 700 n. Chr. datiert wurde.
Bedeutsam ist dieser Fund, weil er das älteste Zeugnis christlichen Lebens in der hiesigen Region ist. Das Patronat der Kirche ist dem Hl. Martin geweiht.

Die alte Kirche von 1283 wird heute von der Dorfgemeinschaft Derichsweiler als Begegnungsstätte genutzt. Am 15. August 1940 wurde das Bauwerk als erste Kirche des Deutschen Reichs von einer Brandbombe im Zweiten Weltkrieg zerstört.

Die Agathastraße, flankiert von den Rundbogen-Hoftoren der alten Bauernhöfe, markiert die Hauptachse des gepflegten Stadtteils.

Das größte Fest im Jahr ist das Maifest auf dem Martinusplatz.

11

Eingezwängt zwischen Windrädern, Masten der Hochspannungsleitung sowie den Schloten und Kühltürmen des nahen Kraftwerks Weisweiler, markiert der spitzenlose Turm von St. Michael das Zentrum des westlichsten Stadtteils von Düren.

ECHTZ
KONZENDORF

ERST BERGBAU NUN BADESEE

Nur noch wenige Echtzer nutzen die fruchtbaren Böden der „Echtzer Lößplatte“ für ihren Erwerb. Der Ort hat sich heute, ebenso wie der untrennbar mit Echtz verbundene Weiler Konzendorf, zu einem Wohnquartier, das mit Gewerbebetrieben durchsetzt ist, gewandelt.

Die Ortskerne zeugen noch von der einstigen Bedeutung für

Ackerbau und Viehzucht. Geändert hat sich das, nachdem die Grube „Alfred“ 1913 aufgeschlossen und dann bis Ende der 50er Jahre ausgekohlt wurde.

Neben der Halde Konzendorf an der nahen Bundesstraße entstand der Echtzer See.

Heute bestimmen dort Schwimmer und Segler, Surfer und Camper, Sonnenanbeter und Paddler das Bild. Echtz ist ein Mekka des Wassersports und des Freizeitvergnügens mit einem hohen Wohnwert geworden.

ANNA

Von Kirche bis Kirmes beherrscht Anna die Stadt Düren. Seit Beginn des 16. Jahrhunderts gibt Anna in Düren den Rhythmus vor. In Form der Oktav in der Annakirche und, damit einhergehend, eines der größten linksrheinischen Volksfeste, der Annakirmes.

12
WILDE MAUS
ALPINA BAHN

DER SCHATZ DER STADT

Anna hat Düren die größte Veränderung gebracht. Seit 1501 „regiert" Anna die Stadt, gibt den Takt im Jahreslauf vor und machte Düren erstmals, weit über die Grenzen hinaus international bekannt. Bis heute ist das Annahaupt der größte Schatz der Stadt.

Anna, die Oma Jesu, hat nie in Düren gelebt. Vielmehr ist es eine Reliquie, die seit über 520 Jahren in Düren verehrt wird. Es handelt sich um ein handtellergroßes Stück Schädelplatte, das in einer kunstvollen Büste, dem Annahaupt, gefasst ist.

1501 gelangte die Reliquie an die Rur. Vorausgegangen war der Diebstahl der Schädelplatte in Mainz. Dort hatte der Steinmetz Leonhard in der Kirche St. Stephan Arbeiten verrichtet. Da es mit der Begleichung seiner Rechnung offenbar haperte, stopfte er kurzerhand die Reliquie in sein Säcklein und machte sich Richtung Heimat, Kornelimünster bei Aachen, von dannen.

Die Mainzer verfolgten den Dieb bis nach Kornelimünster, kamen jedoch zu spät, da der Abt der Reichsabtei die Reliquie den Dürener Franziskanern mit der Aufforderung übergeben hatte, die Schädelplatte zurück nach Mainz zu bringen. Deshalb wurden die Mainzer in Düren vorstellig und nahmen das begehrte Knochenstück an sich. Mit wenig Erfolg, denn der Dürener Stadtrat beschlagnahmte im Namen des Herzogs von Jülich das Reliquiar.

Es folgte ein heftiger Streit auf allen nur erdenklichen Ebenen und schnell hatte sich herum gesprochen, dass man in der Dürener Martinskirche die Anna-Reliquie verehrte.

Der Ansturm der Pilger, die sich jährlich in Düren einfanden, war schier unglaublich. Nach nicht einmal neun Jahren wurden schon mehr als 20 000 Pilger gezählt. Die Annaoktav wurde das wichtigste Fest in der Stadt. Schon 1506 war der Streit über den Verbleib der Reliquie vom Papst persönlich entschieden worden.

Die Reliquie ist in eine Büste eingearbeitet: Verehrt wird Anna, indem die Pilger die Hand auf die Büste legen. Die Büste selbst, kunstvoll in Gold und Silber gearbeitet, wird in einem Schrein, gesichert mit sieben Schlüsseln, verwahrt und jeweils zur Oktav, Ende Juli, feierlich erhoben.

Neun Tage dauert die Oktav. Jeweils am Samstag nach dem Namenstag der Anna startet die Stadt in diese „neun tollen Tage“ denn begleitend zu der Annaverehrung zog es Anfang des 16. Jahrhunderts ebenfalls Reisende, Krämer und natürlich Scharlatane an das Rurufer, die rund um das dann bereits Annakirche genannte Gotteshaus einen Markt etablierten. Der Ursprung

der heutigen Annakirmes.
Wie sehr Rummel und Reliquie miteinander verknüpft sind, zeigt sich beim erst wenige Jahre stattfindenden sonntäglichen Gottesdienst auf dem Autoscooter Loosen auf dem Rummelplatz.

St. Anna-Pfarrer Otto von Danwitz trägt dann die Büste von der Kirche auf den Kirmesplatz.

HIER GEHT ES RUND

Es ist ein Streifen voller Rasenflächen, Büschen und Bäumen, ebenfalls versehen mit etlichen privaten Gärten, der sich von der Brückenstraße bis zur südlich gelegenen Kölner Landstraße erstreckt. Westlich davon liegt die Siedlung „Grüngürtel", die Anfang des 20. Jahrhunderts entstand.

GRÜNGÜRTEL

ZIEGELSTEINE

Der damalige Stadtbaurat Heinrich Dauer entwarf ab 1910 die Bebauung des Grüngürtels zwischen Brückenstraße und Schoellersraße. In einer ersten Bauphase entstanden nur Einfamilienhäuser. Die boomende Industrie benötigte dringend Arbeitskräfte. Für sie und deren Familien wurde das Stadtviertel errichtet. Um Kosten gering zu halten, wurden die Häuser typisiert. Nach 1918 wurden ebenfalls mehrstöckige Wohnblocks errichtet.

QUARTIER MIT CHARME

Es gab verschiedene Haustypen, doch alle Gebäude wurden aus rotem Ziegelstein errichtet. Die Ziegel wurden in der direkten Nachbarschaft hergestellt und gleich vor Ort verarbeitet.

Der Grüngürtel wurde bei dem Luftangriff auf Düren am 16. November 1944 weitgehend verschont. So hat das Quartier bis heute seinen damaligen Charme und Charakter bewahrt.

14

Verwunschene Winkel und Ecken zeichnen den Schillingspark mit seinen Fischteichen aus. Im 15. Jahrhundert hatten die Mönche des Klosters Schwarzenbroich die Teiche angelegt. Oberförster Timotheus Josef Schillings baute die Anlage Mitte des 19. Jahrhunderts zum Landschaftspark aus.

GÜRZENICH

Nach der französischen Säkularisation gelangt Timotheus Josef Schillings in den Besitz des Weyerhofes. Seine nicht unumstrittenen Söhne werden Geschichte schreiben:
Carl Georg Schillings (1865 - 1921) als Afrikaforscher, Zoologe, Ethnologe, Schriftsteller und Photopionier und
Max von Schillings (1868 - 1933), Professor Dr. h.c., als Komponist, Generalmusikdirektor, Generalintendant und Präsident der Akademie der Künste in Berlin.

Gürzenich ist einer der beliebtesten Wohnplätze in Düren und einer der längsten mit seiner zentralen Schillingsstraße. Flankiert wird dieser lange Weg vom Gürzenicher Bach, den man bei Hochwasser nicht

unterschätzen sollte, sowie der Pfarrkirche St Johannes Evangelist.
1143 wird Adolfus de Gorcenic als erste Herr von Gürzenich erwähnt. Sein Kölner Haus ist bis heute als „Gürzenich“ bekannt. Der an das riesige Waldgebiet im Südwesten grenzende Ort wird als „Gemüsebeet“ der Stadt geschätzt. Der Hof „Lövenich“ ist für Spargel eine beliebte Anlaufstelle. Im „Breuers Häuschen“ soll schon Napoleon Rast gemacht haben. Der Golfplatz ist unbestritten die größte Grünanlage der Stadt.

SPARGEL UND NAPOLEON

Bis 1956 schürften die Bagger die Kohle, dann war „Grube Düren“ Geschichte. Es begann die Verfüllung mit Abraum des Tagebaus Inden, bis der Essigbach in das Bergwerk einbrach. Dann wurde mit Rurwasser nachgeholfen und der heute beliebte Badesee Gürzenich entstand bis 1969.

Der Dürener Architekt Helmut Lüttgen hat die Herz-Jesu-Kirche in Hoven entworfen. Markant der vom Kirchenbau abgesetzte Glockenturm aus Beton. Die 1972 eingesegnete Kirche verfügt ebenfalls über ein Betongerüst, das mit Backsteinen ausgefüllt ist.

HOVEN

DIE BRÜCKE

Zur vorletzten Jahrhundertwende fristete Hoven ein bescheidenes Dasein. Nur gut 50 Menschen bewohnten das Dorf. Ohne eigene Kirche, ohne Schule, ohne Geschäfte. Das nahe der Rur gelegene Hoven war seit frühen Zeiten immer ein Anhängsel von Mariaweiler gewesen...

Der Bau der Brücke über die Rur, im Jahr 1900 realisiert nach umfangreichen Regulierungen des Flusses, katapultierte das Dorf dann in die Zukunft. Plötzlich hatte man ungehinderten Zugang zum prosperierenden Birkesdorf mit den mächtigen Industriebetrieben. Hoven wachte förmlich auf, immer mehr Menschen zogen in den Ort.

Obwohl mit Sicherheit schon die Sunuker im 1. und 2. Jahrhundert das Gebiet um Hoven bewohnt haben, wird der Weiler erst 1359 urkundlich erwähnt. In dem Dokument überträgt der damalige Herzog Wilhelm von Jülich dem Emond von Hoven die Fischerei im Teich vor dessen Haus zu Hoven.
Die Edelstahlskulptur auf dem Arnold-Decker-Platz in der Hovener Mitte erinnert an die alte Kirche, die dort bis zur Einsegnung der neuen Kirche gestanden hatte.

KUFFERATH

Eingezwängt in eine der letzten Mulden vor den Eifelhöhen schmiegt sich Kufferath in die Landschaft. Einst abgelegen von wichtigen Verkehrsachsen, taktet heute der Verkehr auf der K27 und der „K-Müll“ das Leben in dem kleinen Ort.

16

EISENERZ UND PFERDEHOF

Blei, Zink, Kupfer ein wenig Gold. Metallhaltige Gesteine haben die Geschichte des kleinsten Stadtteils von Düren geprägt. Der Untergrund von Kufferath ist seit dem Beginn des 19. Jahrhunderts vom Bergbau förmlich durchlöchert worden. In der nahen Lendersdorfer Hütte wurde das Erz aufbereitet. Noch heute zeugen etliche Schachteingänge und kleine Halden von der Arbeit unter Tage.

Mit dem Start des Maubacher Bleibergwerks wurde dann im Tagebaubetrieb das Erz gewonnen. Als später das Blei weg war, kam der Müll. Damit wurde das große Loch verfüllt, heute wird der Abfall selektiert und sortiert. Die Landwirtschaft in Kufferath hat Pferden Platz gemacht. Städter haben hier ihre Vierbeiner mit Kost und Logis untergebracht.

Die Lendersdorfer Pfarrkirche überragt den ältesten Industriestandort der Stadt. An dieser Stelle soll schon ein heidnischer Tempel gestanden haben. Gleich nebenan startete der Hoesch-Konzern seine weltweite Karriere mit den ersten Eisenbahnschienen.

LENDERSDORF

Lange vor der Papierindustrie, für die Düren bekannt ist, entwickelte sich mit der Lendersdorfer Hütte ein Industriebetrieb, der europaweit Beachtung fand.
Hier wurden im 17. Jahrhundert die reichlich vorkommenden Erzfunde der süd-westlichen gelegenen Nachbardörfer verhüttet.

Nachdem das Puddelverfahren zur Anwendung kam, produzierte man in Lendersdorf 1893 erstmals auf dem Kontinent Schienen für das Eisenbahnnetz. Als Gegenpol verfügt die nur wenige Meter nebenan gelegene Ruraue über einen enormen biologischen und ornithologischen Reichtum.

Der Einfluß der Kirchengemeinde ist heute im Gegensatz zu einst beschränkt. Das Kirchspiel Lendersdorf reichte bis nach Hürtgen, Vicht und Schevenhütte.

Die Eisen- und Stahlverarbeitung ist Geschichte. Im zu Lendersdorf gehörenden Krauthausen ist heute die Chemische Industrie und die Herstellung von Wellpappenrohpapieren angesagt.

KIRSCHBLÜTEN UND EINE HÜTTE

Auch wenn er nicht auf einer Anhöhe stehen würde, der mächtige Turm der Pfarrkirche St. Mariae Himmelfahrt von 1878 würde auf jeden Fall das Ortsbild in Mariaweiler dominieren. Junge Familien zieht es verstärkt in diesen Stadtteil an der Rur.

MARIAWEILER

Die Fugger aus Augsburg engagierten sich im 15./16. Jahrhundert in Mariaweiler als dort ein Zentrum der Kupferverarbeitung und des Kupferhandels entstanden war.
Seit dem 14. Jahrhundert bot der Lendersdorfer Mühlenteich über Jahrhunderte den nötigen Antrieb für Mühlen und Hammerwerke.

Heute sind gleich zwei Global Player in Mariaweiler beheimatet. Die Heimbach GmbH, die Papiermaschinen-Bespannungen und Technische Textilien herstellt, so wie die GKD - Gebr. Kufferath AG als weltweit führender Hersteller von Metallgeweben für industrielle und architektonische Anwendungen.

Die „Villa Maria“, errichtet 1905 an der Aldenhovener Straße, ist mit viel Liebe in ihren Urzustand versetzt worden.

EINST KUPFER, HEUTE EDELSTAHL

MERKEN

Wo einst das Wasser für die Merkener bevorratet wurde, wird heute gewohnt. Der Wasserturm ist restauriert und in einem vorbildlichen Zustand. Die Bewohner blicken nicht nur auf ihren Stadtteil, sondern haben ebenso den Tagebau Inden stets im Blick.

10

Kein dörfliches Umfeld im Gebiet der Stadt hat sich in den letzten Jahren derart verändert wie Merken.
Im Norden sind es die Bagger, die sich gierig nach Kohle in die Tiefe des Tagebaus Inden

fressen. Im Süden, im Westen und Osten sind als Folge der Tagebaulandschaft etliche neue Straßen entstanden. Alle gespickt mit Kreisverkehren. Ebenfalls wurde eine neue Brücke gebaut, die über die Rur nach Niederzier führt.

Unweit dieser Flußquerung findet man, einige wenige Schritte weiter nördlich, den tiefsten Punkt der Stadt Düren mit 108 Meter über dem Meeresspiegel. Rund um St. Peter stagniert der Ort schon lange Jahre.

ZWISCHEN
TAGEBAU
UND
NEUEN WEGEN

Im Merkener Busch, gleich neben der Autobahn A4, befindet sich die Kläranlage des Wasserverbands Eifel Rur (WVER). Die Anlage wird ständig den sich immer ändernden Erfordernissen mit dem Ziel angepasst, die Abwässer der Dürener zu reinigen.

Das Geschlecht von Elmpt residierte über Jahrhunderte hinweg in der prächtigen Anlage Schloss Burgau aus dem 13. Jahrhundert. 1917 erwarb die Stadt Düren das Anwesen, das im Krieg stark beschädigt wurde, doch dank bürgerlichen Engagements heute restauriert wieder strahlt.

NIEDERAU KRAUTHAUSEN

VON DER HEXE BIS ZUM TANZ

Deutlich höher als der Turm der Annakirche überragt die Grabes- und Auferstehungskirche St. Cyriakus den Stadtteil mit Krankenhaus und Schloss. Einst soll Hexe Hackefey ihr Unwesen dort getrieben haben. Seitdem mit viel Einsatz der Ortsvereine die Trümmer der Burg wieder zusammengesetzt wurden, etablierte sich das stolze Wasserschloss zu einem gesellschaftlichen Treffpunkt für Musik und Tanz, Ausstellungen und nicht zuletzt für private Feiern.

Das höchste Haus am Platz auf dieser Rurseite ist der Tower des St. Augustinus Krankenhauses. Versteckt fristet derweil die alte Pfarrkirche an der Cyriakusstraße ihr Dasein.

Mitunter schallt das Gebell der Hunde des im Wald gelegenen Tierheims ins Dorf.

Relatives Glück hat beim Angriff 1944 das Gebiet „henge de Bahn" gehabt. Lange Jahrzehnte wurden die Immobilien mit den Fassaden aus Dürens goldenen Jahren nicht gepflegt, Migranten wurden hier seßhaft. Seit einigen Jahren wird ein schönes altes Haus nach dem anderen dem Verfall entrissen.

NORDDÜREN

Der heute älteste Stadtteil ist der schönste. Norddüren blüht seit einigen Jahren auf.

Zwischen Karl-, Kirch- und Schulstraße entwickelt sich, gemixt mit vielerlei Kulturen, ein vielschichtiges Miteinander, wobei die Gegebenheiten des Ortes, die alten Dürener Häuser und funktionierende Nachbarschaft, in den Alltag einfließen.

KULTUREN HINTER ALTEN FASSADEN

Die markanten Backsteine der 1929 nach den Plänen von Hans Fischer erbauten Rölsdorfer Pfarrkirche St. Nikolaus wurden in der benachbarten Ringofenziegelei gefertigt. Die Herkunft der Steine ist an der besonderen Färbung erkennbar.

RÖLSD

Während die anderen Stadtteile erst 1972 der Stadt Düren zugeschlagen wurden, wurde Rölsdorf schon 1937 Teil der Stadt.

Auf die Zeit der Römer geht die erste Besiedlung zurück, wie römische Baureste belegen.

Der Stadtteil war immer von Gewerbe und der Industrie geprägt, und auf dem „Jugendstadion" genannten Sportplatz wurde in den 20er Jahren eine Radrennbahn gebaut, auf der sogar Motorradrennen stattfanden.
Die meisten alten Firmen sind

AM LÄNGSTEN EIN TEIL DER STADT

inzwischen Geschichte oder von Nachfolgeunternehmen verdrängt.
Im Süden siedelten viele Familien, die günstigen Wohnraum suchten oder aus ihrer Heimat vertrieben wurden. Sie wurdenin der Boisdorfer Siedlung sesshaft.
Das Gasthaus Gohr, mit noch eigenem Saal, ist Treffpunkt der „Ureinwohner". Der „Jägerhof" ist beliebtes Quartier für Übernachtungsgäste an der Rur.

Ende der 60er Jahre errichtete Zimmermann & Jansen den markanten Casinoturm an der heutigen B399.

PARTNERSTÄDTE

Die Partnerschaften, die Düren international pflegt, sind auf dem Europaplatz permanent am Fahnenschmuck erkennbar. In Valenciennes, im Norden Frankreichs, sind die ältesten Freunde der Stadt Düren beheimatet.

23

Schon 1959 reichten Bewohner der nordfranzösischen Stadt Valenciennes und Dürener einander die Hände zur Versöhnung. Der damalige Dürener Oberbürgermeister Spies sprach Anfang der Städtepartnerschaft den Leitgedanken aus: „Wir wollen mit der Jugend beginnen und wollen daran denken, dass über sie der Weg zu einem geeinten Europa gehen muss."
Valenciennes, eine Stadt mit ca. 41.000 Einwohnern, bietet dem Besucher ein bedeutendes Kunstmuseum, ein Theater, eine Universität und eine Bibliothek, in der unter anderem das älteste handschriftliche, um 880 n. Chr. entstandene Literaturdokument in französischer Sprache und vieles mehr zu sehen ist.

Valenciennes

KATHARINENHOF

1971 wurde in Altmünster am Traunsee die Urkunde über eine Partnerschaft zwischen der noch selbständigen Gemeinde Niederau und Altmünster unterzeichnet. Nach der kommunalen Neugliederung 1972 übernahm die Stadt Düren die Aufgaben aus der Partnerschaftsurkunde. Die Begegnungen zeichnen sich seit mehr als 50 Jahren durch eine herzliche Atmosphäre und Sympathie aus. Altmünster ist ein beliebtes Urlaubsziel, denn es liegt direkt am Traunsee im schönen Salzkammergut und bietet mit seinen Badeflächen, einem beheizten Freibad, einem dichten Netz an Wanderwegen, Tennisplätzen, Mountainbikerouten und Volleyballanlagen viele Möglichkeiten für einen Aktivurlaub, im Sommer wie im Winter.

Altmünster

7 NOLU BAYİ

Karadeniz Ereğli, an der südlichen Küste des Schwarzen Meers gelegen, wurde im 6. Jahrhundert v. Chr gegründet. Dort kommt die Natur ebenso zu ihrem Recht, wie die wirtschaftliche Entwicklung. Die größte Eisen- und Stahlfabrik der Türkei und eine international bekannte Werft sind an der Südküste des Schwarzen Meers gelegen und geben vielen Menschen ihr Auskommen. „Liebe - Friede - Freundschaft“ lautet das Motto der Universität und der Stadt Karadeniz Ereğli, die beide das Motto in die Welt hinaustragen. Die Partnerschaft mit Düren besteht seit 2009.

Karadeniz Ereğli

Seit 2002 pflegt Düren eine Partnerschaft mit der chinesischen Millionenstadt Jinhua. Jinhua besitzt reiche natürliche Ressourcen und eine stark entwickelte Land- und Viehwirtschaft. Einem Sprichwort zufolge ist Jinhua „die zweite Kornkammer von Zhejiang".
Hier wird der in ganz China berühmte „Schinken von Jinhua" seit über 800 Jahren hergestellt. Die landwirtschaftliche Umgebung von Jinhua ist für ihre Schönheit berühmt und reich an historischen Sehenswürdigkeiten.

Bekannte Ausflugsziele und touristische Attraktionen sind die Shuanglong-Tropfsteinhöhlen, die bizarren Felsen von Yongkang, die Sechs-Höhlen-Berge von Lanxi oder die heißen Quellen von Wuyi.

Jinhua

赫靈

Kontakte in den 70er Jahren von Arnoldsweiler in die Normandie sind der Ursprung der Partnerschaft mit Cormeilles. Cormeilles hat rund 1200 Einwohner und liegt, umgeben von hügeligen Wiesen mit Apfelbäumen, in der Landschaft Pays d'Auge. Die Städte Rouen, Caen, Lisieux, die Badeorte Deauville und Trouville liegen ebenso in der Nähe wie der Künstlerort und Hafen Honfleur. Nicht weit entfernt die mehr als zwei Kilometer lange Brücke der Normandie, welche in 60 Meter Höhe über dem Fahrwasser der Seine-Mündung die Orte Honfleur und Le Havre miteinander verbindet.

Cormeilles

Die Partnerschaft besteht seit 2001. Es war die zweite Partnerschaft zweier Städte aus Deutschland und Bosnien-Herzegowina und die erste, die nach dem Bürgerkrieg entstand. Düren und Gradačac haben Gemeinsamkeiten: Beide Städte wurden durch einen schrecklichen Krieg zerstört, und sie haben Flüchtlinge ohne jegliche Verpflichtung und Nutzen aufgenommen, versorgt und ihnen eine vorübergehende Heimat geboten. Während ihres Aufenthaltes in Düren haben sich viele Kontakte zwischen den Flüchtlingen und Dürenern entwickelt.

Gradačac

Am Fuß der Karpaten gelegen bietet Stryj zahlreiche Ausflugsmöglichkeiten. Freilichtmuseen und Heilwasserquellen locken Touristen in die Region.
Stryj wurde im Jahr 1385 gegründet und war im 15. und 16. Jahrhundert eine blühende Handelsstadt. 1772 wurde sie österreichisch, 1919 polnisch und 1939 ukrainisch. Nach dem

Stryj

Zweiten Weltkrieg gehörte das Land zur Sowjetunion. Mit der Wende in Europa schlug 1990 die Geburtsstunde einer unabhängigen Ukraine...
Seit 2001 hat Düren eine Städtepartnerschaft mit Stryj. Die Wurzeln dieser Partnerschaft liegen im Engagement des St. Augustinus-Krankenhaus für das Krankenhaus in der Ukraine.

STICHWORTE

R

S

T

U

V

W

Y

Z

Bildnachweis:

Alle Bilder: Rudi Böhmer

mit Ausnahme von:

Helmut Göddertz: Seite 162 / 163 > Valenciennes
Marktgemeinde Altmünster: Seite 144 / 165 > Altmünster
Stadt Jinhua: Seite 168 /169 > Jinhua
Merie Knodel: Seite 170 / 171 > Cormeilles
Stefan Knodel: Seite 170 / 171 > Cormeilles
Markus Seiler: Seite 172 / 173 > Gradačac
Stadt Düren: Seite 174 / 175 > Stryj
National Collection of Aerial Photography: Seite 86/87 unten > zerstörtes Düren

Bilder die das alte Düren zeigen, stammen von zeitgenössischen Postkarten, aus privaten Archiven und dem Stadt- & Kreisarchiv Düren.

9 783000 761379

DÜRENER ILLUSTRIERTE · Magazin für Düren, Jülich und Regio Rur · WER WAS WANN WO

Impressum

DÜREN in Wort und Bild
ISBN 978-3- 000761-37-9

Herausgeber: Rudi Böhmer © 2023

Klimaneutral
Druckprodukt
ClimatePartner.com/12518-1907-1001

Erschienen im Eigenverlag der DÜRENER Illustrierten
Saint-Hubert-Straße 12 · 52355 DÜREN
T.: 0 24 21 / 20 95 295

redaktion@duerener.info

https://duerener.info
www.das-bu.ch

Lektorat: Dr. Achim Jaeger

Die Deutsche Bibliothek verzeichnet diese Publikation in der Deutschen Nationalbibliographie.
Detaillierte Daten sind über https://portal.dbb.de abrufbar.

Quellen: Persönliche Gespräche, Baltar M. Schmitz, „Das Dürener Land" (1971), Stadt- und Kreisarchiv Düren, Wikipedia.